AF245283

La Martinique

AVANT ET APRÈS

LE DÉSASTRE

DU 8 MAI 1902

Par **LASCROUX**

Prix : 1 franc

EN VENTE CHEZ L'AUTEUR

8, Rue du Cerf-Volant

MOULINS (ALLIER)

MONT-LOUIS . CLERMONT F P (88ᵉ)

LA MARTINIQUE

LA MARTINIQUE

AVANT ET APRÈS

LE DÉSASTRE

DU 8 MAI 1902

Par LASCROUX

PRIX : 1 FRANC

EN VENTE CHEZ L'AUTEUR

8, *Rue du Cerf-Volant*

MOULINS (ALLIER)

SOMMAIRE

Description de l'Ile. — Carte. — Production. — Industrie. — Importations et exportations. — Commerce général. — Sources thermales. — Fort-de-France. — Saint-Pierre, avant le 8 Mai 1902 (vue). — Phénomènes sismiques. — Enregistrement des phénomènes. — Eruption de la Soufrière de Saint-Vincent. — Eruption de la Montagne Pelée. — Destruction de Saint-Pierre (vue). — Dépêches officielles. — Souscriptions et secours. — Renseignements. — Récits. — Lettre de faire-part. — Les volcans de la Martinique et de l'île Saint-Vincent.

LA MARTINIQUE

La Martinique est l'une des plus considérables et la plus riche de nos possessions dans la mer des Antilles. Elle est située vis-à-vis de l'isthme de Panama, par 14° 52′ 47″ de latitude Nord et 63° 31′ 32″ de longitude Ouest.

Elle compte deux arrondissements, 9 cantons et 32 communes, la superficie est de 98,782 hectares, dont les deux tiers sont en montagnes, et sa population, avant le 8 mai 1902, était de 189,599 habitants, dont 6,112 étrangers et 1,907 de population flottante. 127,396 ne savent ni lire ni écrire, 5,303 ne savent que lire, 54,981 savent lire et écrire.

L'île est remarquable par sa fertilité, son sol

est très varié ; il est, en effet, tantôt argileux, rocailleux ou tufacé, calcaire, marécageux ou alluvionnaire. Elle est arrosée par de nombreux cours d'eau auxquels on donnerait à peine le nom de rivière pendant le temps de sécheresse, mais qui se transforment en courants impétueux pendant la saison des pluies.

Les principaux sont la Capote, le Lorrain, le Galion, la Lézarde, le Céron, la Pilate, la Salée, la Longvilliers ou canal du Lamentin, la rivière Monsieur, la rivière du Français, qui sont canalisés ou navigables, mais seulement pour des bateaux d'un faible tirant d'eau.

L'île est de constitution volcanique et présente de nombreux reliefs formés par les divers soulèvements qu'elle a subis.

Au nord, se trouve la Montagne Pelée (1.350ᵐ), la plus haute du pays, au sommet de laquelle on remarquait le cratère éteint des Palmistes, qui formait un lac d'une circonférence de 1,150 mètres, dont l'eau abondante et limpide avait un léger goût herbacé. Parmi les autres montagnes, on peut citer les Pitons du Carbet, au pied desquels se trouve le lac l'Etang – l'Archer, qui donne naissance à la rivière l'Or.

Le climat de la Martinique est celui des pays

intertropicaux ; l'année peut se diviser en trois saisons bien distinctes et la durée en est très irrégulière : la saison fraîche, la saison chaude et sèche, la saison chaude et pluvieuse.

Ile de la Martinique, possession française.
(Portion de carte.)

La saison fraiche commence en décembre et finit en mars ; la température moyenne est de 24° 4, c'est le printemps. La saison chaude et sèche commence en avril et finit en juillet ; la température est de 26° 8, c'est l'été. La saison chaude et pluvieuse commence en juillet, et dure jusqu'en novembre ; la température moyenne est de 27° 4, c'est l'hivernage. La température moyenne du littoral est de 24° 4 à 27° 4, mais dans l'intérieur des terres elle se modifie d'une manière sensible ; ainsi, à l'altitude de 250 à 500 mètres, elle est de 18° à 21° et tient à la fois des climats chaud et tempéré.

Les vents qui y règnent dans la saison fraîche sont les vents réguliers, ou vents alizés ; ils soufflent constamment de l'Est au Nord-Est ; il y en a parfois de très violents qui entraînent les navires à la côte. Des bourrasques, coups de vent et ouragans sévissent aussi sur l'île.

On y ressent, presque chaque année, des tremblements de terre. — On lira plus loin la terrible catastrophe qui a anéanti Saint-Pierre, le 8 mai 1902, dans laquelle plus de 40,000 personnes ont trouvé la mort presque instantanément, la ville et les environs détruits de fond en comble comme Herculanum et Pompéi par le Vésuve.

Avant d'aborder les détails de la catastrophe, il est utile de renseigner les lecteurs sur la valeur de l'île, sa production, son commerce et ses richesses pour mieux faire comprendre combien le cataclysme a été grand et terrible.

Productions

La canne à sucre, qui occupe plus de 28,000 hectares sur 45,000 de cultivés ; le café, le cacao, coton, écaille, tabacs, cocos, bananes, oranges, citrons, ananas, melons, casse, fruits, fleurs, plantes médicinales, bois d'ébénisterie et de campêche, tafia, rhum, etc.

Relations commerciales

Les principaux pays avec lesquels la Martinique entretenait des relations commerciales, sont : la France et les colonies françaises, les États-Unis, la Grande-Bretagne et les Grandes-Antilles. Elle importait les tissus de coton et de laine, vins, vêtements confectionnés, peaux préparées, animaux vivants (chevaux et mulets), conserves de toutes sortes, beurre, farineux alimentaires, légumes secs, pâtes d'Italie, riz et fruits confits, outils et ouvrages en métaux, poterie, huile d'olive, machines,

céréales, savons, papiers, fers et aciers, fils de
toute sorte, bougies, tissus de lin et de chan-
vre, poivre, tabacs préparés, sirops, biscuits,
sucre raffiné, droguerie, orfèvrerie, horlogerie,
armes, coutellerie, instruments de musique,
meubles, etc., etc.

Industrie

Dix-sept usines centrales : à Fort-de-France,
à La Trinité, au Lamentin, au François, etc.,
et 564 sucreries dont 88 à vapeur. Tuileries,
briqueteries, scieries mécaniques, fabriques
d'allumettes, de pâtes d'Italie, etc.

Importations des Etats-Unis

Les États-Unis importaient des viandes
salées et fumées, fruits frais et conservés,
tabacs en feuilles, bois de construction, voi-
tures, harnais, bimbeloterie, eau congelée, etc.

Exportations en France

Les exportations de la colonie en France
consistaient principalement en sucre d'usine,

sucre brut, rhum et tafia, vins d'oranges, liqueurs des îles, cacao, café, campêche, manioc et conserves.

Commerce général

Le commerce général de la Martinique s'est élevé, en 1894, à 51,500,000 francs, dont 29 millions pour les importations et 22 millions et demi pour les exportations, tant en France qu'à l'étranger.

Sources Thermales

On trouve à la Martinique plusieurs sources thermales, la Fontaine-Chaude ou de Messimy, sur les hauteurs du Prêcheur, à 8 kilomètres de Saint-Pierre, les eaux d'Absalon, de Didier, de Moutte, du Pont-de-Chaînes, placées aux environs de Fort-de-France, et les sources non exploitées de l'Espérance et de Larcinty, au Lamentin, et de la Frégate au François.

Le chef-lieu de l'île est Fort-de-France, ville forte et maritime, située au fond d'une baie où elle a un port excellent, l'un des plus beaux et des plus vastes des Antilles. C'est le port d'attache des navires français.

Cour d'appel, Tribunaux, Hôpitaux et Arsenal maritime.

Cette ville a été incendiée en partie en 1891 ; sa population était de 16,056 habitants.

SAINT-PIERRE

(Anéantie le 8 mai 1902)

Saint-Pierre, comme Herculanum et Pompeï, n'existe plus qu'à l'état de souvenir.

Saint-Pierre, aujourd'hui sous les cendres volcaniques de la Montagne Pelée, écrasée, brûlée, couverte de boue et de lave, vaste cimetière où repose toute la population, victime du cratère des Palmistes, ne laisse voir que ruines de constructions émergeant des cendres ou de la lave et des débris de toutes sortes projetés du Mont Pelé, à 10 kilomètres de distance.

Saint-Pierre était une ville de 27,700 habitants, à 37 kilomètres de Fort-de-France, au fond d'une anse circulaire et défendue par plusieurs batteries ; centre d'une grande partie du commerce de l'île. La ville fut fondée en 1635, par d'Esnambuc : c'est le premier endroit où les Européens se sont établis. La partie de la ville dont la place Bertin était le centre était dominée par des coteaux ; à deux kilomètres à l'Est, la Montagne Fumée ; à cinq kilomètres au Sud-Est, le Morne-Vert ; à côté, les Pitons du Carbet (altitude, 1,207^m).

Saint-Pierre avait un Lycée, Tribunal de première instance, Chambre de commerce,

Saint-Pierre de Martinique avant le cataclysme du 8 mai 1902.

Pensionnat colonial, Evêché, Séminaire, Rade superbe, Hôpital militaire, Hospice civil, Asile d'aliénés, Entrepôts pour les colonies voisines, Jardin colonial des plantes, le plus beau des

Antilles, Ecole de plantes médicinales. A cet établissement étaient joints un musée des produits naturels et cultivés de la colonie et un laboratoire agricole. Atelier de fonderie important, câble transatlantique. Dix consulats, nombreuses distilleries, commerce le plus important de l'ile, etc., etc.

De tout cela il ne reste plus que le souvenir depuis le 8 mai, huit heures du matin.

Phénomènes sismiques précurseurs de l'éruption de la Montagne Pelée

M. Milne, géologue anglais, a fait le relevé des événements successifs qui ont abouti à la catastrophe de la Martinique.

Le 19 avril, un tremblement de terre très fort se produit au Guatémala. Il est enregistré à l'ile de Wight. Il indique probablement un réajustement brusque des couches orogéniques de l'Amérique centrale et peut avoir eu pour conséquences des mouvements dans les couches voisines des Antilles.

Le 23 avril, la Montagne Pelée montre un panache de fumée.

Le 3 mai, la Montagne est éclairée, la nuit,

par la lave incandescente qui remplit son cratère.

Le 4 mai, elle couvre de cendres les environs.

Le 5 mai, un jet de boue et de lave fait éruption et engloutit une sucrerie, brûlant vingt-
trois personnes. La mer recule de 90 mètres.

Le 6 mai, une Commission gouvernementale
produit un rapport rassurant *(sic)*.

Le 7 mai, vers onze heures du soir, un petit
tremblement de terre d'origine très éloignée est
enregistré à l'île de Wight, à Edimbourg et
dans d'autres stations.

Le 8 mai, à huit heures du matin, la pluie
de cendre et de feu détruit Saint-Pierre......

L'éruption de la Soufrière, à Saint-Vincent,
a commencé le lundi 5 mai, et était à son
maximum le 7 mai. Il semble donc que les
deux éruptions ont été simultanées et qu'elles
peuvent être attribuées à une cause commune.

Quant au recul de la mer, avec raz de marée,
observé à la Martinique, il ne peut être évi-
demment expliqué que par un exhaussement
en masse de l'île.

En France, le 6 mai, des secousses de tremblements de terre sont ressenties la nuit, vers
les trois heures ; le phénomène a duré environ

dix secondes en se dirigeant du Nord-Ouest au Sud-Est. Les effets n'ont occasionné aucuns dégâts importants. Ils ont été remarqués à Mont-de-Marsan, Biarritz, Hendaye, Tarbes, Agen, Bordeaux, Bayonne, Pau, La Réole.

A Paris, au Ministère des colonies, on reçoit le 7 mai, de la Martinique, qu'un torrent de lave et de boue est descendu, le 5 mai, à partir de une heure de l'après-midi, par la vallée de la Rivière-Blanche. détruisant en partie les usines Isnard et Guérin : vingt-trois personnes disparues.

Destruction de Saint-Pierre

Un télégramme du commandant du *Suchet*, à Fort-de-France, adressé au Ministre des colonies, annonce ces renseignements désolants dans leur brièveté :

« Fort-de-France. 8 mai, 9 heures 55 soir.

« Reviens de Saint-Pierre. Ville complète-
» ment détruite par masse de feu vers huit
» heures du matin. Suppose toute population
» anéantie. Ai ramené les quelques survi-
» vants, une trentaine. Tous navires sur rade

» incendiés et perdus. Eruption volcan conti-
» nue. Pars pour Guadeloupe chercher vi-
» vres. »

Des renseignements complémentaires sont demandés par la voie du câble au commandant du *Suchet*, et par le Ministre des colonies au Gouverneur de la Martinique.

Un second câblogramme qui a suivi de quelques instants celui adressé au Ministre de la Marine par le commandant du *Suchet*, confirme la destruction par une pluie de feu de la ville de Saint-Pierre, de ses environs et des navires sur rade.

M. Lhuerre avise le Ministre qu'il est sans nouvelles du Gouverneur, M. Mouttet.

Sitôt ces nouvelles connues, le Ministère a mis son pavillon en berne.

Londres 9 mai : Le Colonial-Office reçoit confirmation de la grave éruption volcanique des Antilles, notamment de l'éruption de Saint-Vincent, mais la plus importante paraît être celle de la Martinique. Le câble allant à Saint-Vincent et à la Martinique ayant été coupé, on ne peut recevoir de nouvelles que par vapeurs venant de Sainte-Lucie.

Un télégramme de Sainte-Lucie annonce que le vapeur le *Roddam* est arrivé sans son ancre ni sa chaine et avec des bâches brûlées. Cela montre la précipitation avec laquelle il a dû quitter le port de Saint-Pierre, puisqu'il a coupé l'ancre et la chaine pour s'échapper plus vite. La catastrophe a donc été soudaine, cela est d'autant plus certain que les hommes du bord ont été cruellement brûlés et que douze ont péri.

Les avis du 24 avril disent qu'il y avait six voiliers dans le port et que cinq autres y avaient touché dans la première quinzaine, mais on ignore le nombre de vaisseaux présents au moment de la catastrophe.

Un ancien trésorier-payeur à Saint-Pierre raconte, à la suite d'une conversation avec un de ses amis, à Lyon, le 9 mai, M. Gaston Sarlat, ancien député de la Guadeloupe :

La ville de Saint-Pierre est bâtie en amphithéâtre, et la Montagne Pelée se trouve à 12 kilomètres au nord. C'est dans ses environs que se trouvent les manutentions de cannes. Sur les quais s'élèvent d'immenses entrepôts où les navires font leurs chargements.

En cette saison, la rade est très animée, car c'est la fin de la campagne sucrière et nombreux devaient être en chargement les voiliers des ports de Saint-Nazaire et de Bordeaux.

Ce genre de bateaux construits en bois et l'inflammabilité du chargement indiquent comment la rade a pu être transformée soudainement en une mer de feu.

Ce qui s'est produit pour les bateaux a dû se renouveler en ville même, car toutes les maisons sont construites en bois, chaque maison élevée de deux étages, sert généralement pour une seule famille.

Si l'on rappelle que les usines de rhumerie enserrent la ville, on se rend compte que les flammes ont dévoré ce que l'éruption du volcan n'avait pas englouti.

Paris. 6 mai (Dans l'angoisse.)

Dès huit heures, le Ministère des colonies est assiégé par de nombreuses personnes venant demander des nouvelles de l'effroyable catastrophe. A chaque instant, une voiture s'arrête devant le Ministère et de nouvelles personnes viennent grossir le flot des solliciteurs.

Ce sont particulièrement des jeunes gens au

teint bronzé et de nombreux nègres, élèves de
nos écoles gouvernementales, beaucoup de
dames qui, elles, moins courageuses n'ont pas
la force de retenir leurs larmes. Des groupes se
forment qui ne se connaissent même pas, mais
qui se réunissent dans le malheur commun
qui les frappe. Toutes les fois qu'on interroge
l'huissier de service, il répond invariablement :
M. le Ministre attend d'une minute à l'autre
une dépêche, mais il ne sait encore rien. Le
désappointement se peint sur tous les visages
et s'accentue à mesure que l'attente est plus
longue.

Le samedi, à onze heures du matin, premières nouvelles depuis la communication
faite à la presse la veille au soir. (Du Gouverneur de la Guadeloupe) :

Suchet vient d'arriver de Martinique. Saint
Pierre détruit par trombe feu, trente personnes
seulement sauvées. Tout porte à croire que
Gouverneur Mouttet, colonel Gerbault et leurs
dames qui se trouvaient à Saint-Pierre ont péri
avec population ville. *Suchet* venu chercher
vivres, a donné tous ordres pour embarque-
ment rapide approvisionnements à Pointe-à-
Pitre et Basse-Terre. *Suchet* repartira ce soir
pour Martinique. Tout personnel et tous

moyens secours dont dispose Guadeloupe sont
à votre disposition.

Signé : MERLIN.

Dès que la lecture est terminée, les commen-
taires reprennent, on suppute le temps qu'il
faudra au *Suchet* pour retourner à la Martinique. On espère recevoir bientôt d'autres
dépêches avec détails circonstanciés.

Nouvelle dépêche du *Suchet* :

Hier matin, vers huit heures, toute la ville
en feu, instantanément, navires démâtés, pluie
de feu et de roches pendant un quart d'heure.
Arrivé à Saint-Pierre, à deux heures. Pas
aperçu être vivants. Impossible pénétrer dans
la ville. Nombreux cadavres sur les quais.

New-York, 9 mai.

Suivant une dépêche de Saint-Thomas, on
estime actuellement à 40,000 le nombre des
victimes qui ont péri dans l'éruption de la
Martinique.

L'émotion est considérable non seulement à
Paris, mais dans toute la France. Les jour-

naux font ressortir l'horreur de la catastrophe et insistent sur l'étendue des pertes. Les conseillers municipaux se réunissent, votent des secours et des marques de sympathie, c'est le deuil public. Le pavillon du Ministère des colonies est en berne ; cette marque de deuil sera observée pendant trois jours sur tous les édifices publics de France.

Le 12 mai.

Le Ministre des colonies reçoit un câblogramme daté de Fort-de-France, 10 mai, lequel fait connaître qu'il ne semble plus avoir de doute sur la perte du Gouverneur.

Une autre dépêche annonce que l'*Amiral Caze* appareillera aujourd'hui à destination de la Martinique, emportant 60,000 rations de vivres et des secours offerts par le Maire de la Nouvelle-Orléans, plus 10,000 francs provenant des premières souscriptions recueillies.

Communication du Ministère
des Colonies

Le volcan avait, le 7 mai, manifesté une grande activité. Il rejeta le lendemain, à huit heures, une trombe de feu sur le nord de la Martinique, depuis le Carbet jusqu'à la grande anse, détruisant Saint-Pierre et peut-être Le Prêcheur, Grande-Rivière, Macouba et Basse-Pointe. M. Merlin dit que Saint-Pierre n'est plus qu'un amas de ruines et de cadavres et que tous navires sur rade sont perdus.

L'éruption de la Montagne Pelée a fait un désert de toute la partie nord de l'île.

Parmi les victimes il faut compter le Gouverneur et les deux candidats aux élections législatives.

Ruines de Saint-Pierre de Martinique (vues de la mer).
Le 10 mai 1902, 7 heures soir.

L'éruption continue ; on ne peut prévoir où s'arrêtera le désastre ; le volcan présente une apparence menaçante et hier encore on consta-

tait des grondements, des éclairs et des projections d'une très grande intensité.

Un récit de Port-Castries
(Antilles anglaises)

De l'Agence Havas, 11 mai.

La Montagne Pelée commença, le trois cou-
rant à paraître couronnée d'épais nuages de
fumée pendant la journée et de flammes pendant la nuit.

Ces phénomènes étaient accompagnés de
grondements souterrains. Le ciel, la nuit, paraissait embrasé sur une étendue considérable.
La population s'alarmait.

Le 5 mai, la Montagne était cachée par une
pluie de cendres chaudes. Tout le district de
Saint-Pierre se trouvait recouvert d'une couche de cendres. A midi, une coulée de laves
brûlantes tombant d'une hauteur de 4,400
pieds le long du lit desséché d'un torrent, fran-
chissait en trois minutes l'espace de cinq milles qui sépare la montagne du rivage, balayant
sur son passage plantations, édifices, factore-
ries et tout être vivant, sur une étendue d'un
demi-mille.

Une grande cheminée d'usine émergeant de la coulée de laves, c'était tout ce que l'on pouvait voir de l'importante sucrerie Guérin.

La mer, cédant sous la poussée formidable de la coulée avait reculé de trois cents pieds sur la côte Ouest, puis, revenant en une immense vague avec une force irrésistible, elle s'abattit comme une trombe sur le rivage. Des détonations terribles se faisaient entendre à des intervalles irréguliers mais courts.

Cela continua ainsi toute la nuit. Les lumières électriques de Saint-Vincent s'étaient éteintes, l'obscurité était intense, mais des gerbes de flammes partant de la montagne jetaient leur sinistre clarté sur Saint-Pierre. Les habitants éperdus, affolés, poussant des cris et des gémissements se précipitaient en chemise vers les collines.

La famille Plissoneau s'échappa sur un petit vapeur et arriva à Sainte-Lucie, trente-cinq personnes, des femmes et des enfants arrivèrent aussi à Port-Castries dans la matinée du 6 ; ce sont ces réfugiés qui ont fourni les détails qui précèdent. Les hommes étaient restés à la Martinique, le télégraphe fut interrompu dans l'après-midi du 6 entre Saint-Vincent et la Martinique.

Enfin, dans l'après-midi du 8, on voyait pénétrer très lentement dans Port-Castries un vapeur méconnaissable, c'était une sorte d'épave fantômatique, grisâtre, couverte de cendres. Ses agrès, ses voiles, ses bâches pendaient en loques calcinées. Ce vapeur était le *Roddam*.

Le capitaine raconta qu'après avoir essuyé, pendant la nuit, une terrible tempête mêlée de tonnerre, il venait de s'amarrer à une bouée de la rade en vue de Saint-Pierrre, à huit heures du matin par un temps magnifique. Il était en train de causer avec M. Joseph Plissoneau, l'agent de ses armateurs, qui se trouvait dans une chaloupe rangée près de son bord.

Tout à coup, une immense nappe de fumée, toute pailletée de scories incandescentes, s'abattit sur la ville et sur le port avec une rapidité inconcevable.

Déjà la ville entière flambait, drapée dans un rideau de flammes et il pleuvait du feu sur le *Roddam*. M. Joseph Plissoneau eut juste le temps d'escalader le bord du *Roddam* ; sa chaloupe venait de couler à pic.

Plusieurs hommes de l'équipage étaient tombés morts, brûlés vifs. Un effort surhumain fut fait pour couper les amarres, et comme le vapeur se trouvait encore sous pression, le *Roddam* put gagner le large et arrivait neuf heures plus tard à Port-Castries.

Parmi les six pouces de cendres noirâtres qui recouvraient le pont du *Roddam*, gisaient une dizaine de gros objets calcinés indescriptibles : c'étaient des cadavres. Deux autres hommes de l'équipage ont succombé à leurs brûlures. Le *Roddam* fut poursuivi dans sa fuite pendant six milles par la pluie de scories enflammées.

Le capitaine a été grièvement brûlé ; mais M. Joseph Plissoneau l'est plus grièvement encore.

On croit ici que M. Plissoneau est l'unique survivant des personnes qui sont restées dans Saint-Pierre après les premières indications de l'approche de la catastrophe, car la ville et les vaisseaux sont anéantis.

Le vaisseau *Le Grappler* sombra le premier; puis ce fut le tour du *Roraïma*. Au moment où ce dernier s'engloutissait au milieu d'une terrible explosion, son capitaine adressait au capitaine du *Roddam* un dernier geste d'adieu.

Les survivants de l'équipage du *Roddam* ne tarissent pas d'éloges sur l'héroïsme de leur capitaine qui, les mains brûlées, avait tenu à faire lui-même le service du gouvernail à l'heure du danger.

Le vapeur *Rek*, de la Royal Mail Company, se trouvant le 9 mai, à dix heures du soir, à cinq milles en vue de La Martinique, fit jouer ses sirènes et lança des fusées, mais il ne reçut aucune réponse. Tout le rivage, sur une étendue de plusieurs milles, ressemblait à une immense fournaise.

Une chaloupe fut envoyée à terre ; mais la chaleur était telle que l'équipage ne put débarquer.

Deux heures durant la chaloupe croisa ; aucun être vivant n'apparut. Le vapeur *Rek*, malgré son énorme distance, fut recouvert de cendres brûlantes.

Un caboteur français est arrivé cet après-midi de Fort-de-France, demander des secours à Port-Castries ; il rapporte que toute la campagne est brûlée, que les animaux crèvent et que toutes les plantations sont calcinées. Les paysans accourent en masse dans les villes.

On craint une famine. On ne peut approcher de Saint-Pierre à cause de l'intensité de l'incendie. Tout ce qu'on a pu apercevoir jusqu'ici, ce sont des rues jonchées de cadavres calcinés et des maisons qui continuent à flamber. Il est certain que la ville et ses environs, dans un rayon de plusieurs milles, sont complètement détruits. Bien peu d'habitants ont pu s'échapper. Le capitaine du caboteur, M. Heu. dit que de bonne heure, dans la matinée de jeudi, une trentaine de personnes étaient parties de Saint-Pierre dans une chaloupe et qu'elles sont arrivées à Fort-de-France.

Un vapeur parti hier soir de Saint-Vincent annonce à Port-Castries que le volcan est en éruption, que le tiers du nord de l'île est en flammes, qu'une coulée continue de laves brûlantes et des pluies de scories enflammées empêchent de porter aucun secours.

Kingston est en sécurité, mais on éprouve de grandes craintes pour le reste de l'île.

La Dominique et Sainte-Lucie ont des geysers en activité ; mais cette activité n'est pas anormale.

Des provisions de toutes natures affluent.

Un négociant de Cayenne, qui se trouvait à bord du dernier paquebot ayant touché la

Martinique, a fait à un rédacteur du *Petit Journal* les remarques suivantes :

Lors de notre passage à Saint-Pierre, il y a trois semaines, le volcan de la Montagne Pelée ne manifestait ses mauvaises dispositions par aucun signe extérieur. Son cratère, que l'on croyait éteint depuis l'éruption de 1851, ne laissait pas échapper le plus mince filet de fumée et la tranquillité d'esprit des habitants de Saint-Pierre était complète.

Comme la fièvre jaune règne à Cayenne, d'où nous venions, la Santé nous défendit de descendre à terre pendant l'escale. Beaucoup d'entre nous avaient sur le quai beaucoup de parents et d'amis accourus pour les embrasser, les relations étant étroites entre les familles créoles de la Guyane et celles de La Martinique. Nous ne pûmes échanger à distance que des gestes et quelques cris d'affection avec ces parents et amis que nous ne reverrons jamais, s'il faut en croire les nouvelles apportées par câbles.

A propos des câbles, permettez-moi une réflexion : Les dépêches de sources anglaises annoncent que les lignes sous-marines, reliant la Martinique aux Antilles voisines, ont été rompues par le cataclysme.

Je rapproche ce fait de la destruction de tous les navires sur rade pour en tirer cette conclusion : qu'un tremblement de terre, qui se sera prolongé jusque sous la mer, a dû accompagner l'éruption de la Montagne Pelée. On s'expliquerait ainsi pourquoi les survivants sont en si petit nombre et pourquoi aucun vaisseau n'a pu sortir indemne de la catastrophe. Ce n'est pas seulement le sommet de la Montagne Pelée qui aura fait explosion, déversant sur la rive des torrents de laves ; il est infiniment probable que tout autour du foyer volcanique, la croûte terrestre a été secouée de soubresauts, renversant les maisons sur les habitants, entr'ouvrant les flots du port sous la carène des navires, empêchant les uns et les autres de chercher leur salut dans la fuite.

Il y a en effet un désastre antérieur qui rappelle la destruction de Saint-Pierre autant qu'elle fait songer à l'ensevelissement de Pompéi et d'Herculanum sous la cendre du Vésuve : le fameux tremblement de terre de Lisbonne, en 1756, où les deux tiers de la ville s'écroulèrent ; trente mille personnes périrent écrasées, le port entier fut bouleversé et les vaisseaux qu'il contenait submergés.

Voici, d'ailleurs, deux souvenirs personnels.

Ils vous donneront une idée de la violence
des convulsions terrestres ou atmosphériques
dont cette pauvre Martinique, si riche, d'autre
part, en dons de la nature, a été fréquemment
victime.

Ma mère résidait à Fort-de-France lors du
tremblement de terre de 1838. La moitié de la
ville fut détruite. Ma mère échappa par miracle
à la mort. Elle avait conservé de ce drame,
vous le comprendrez sans peine, un souvenir
épouvanté. Elle m'a souvent dit que les personnes, qui fuyaient à travers les rues avaient
vu, par endroits, le sol s'ouvrir littéralement
devant leurs pieds et la flamme souterraine
jaillir de ces terrifiantes crevasses !

Les cyclones ne sont pas moins effrayants.
Le dernier qui ait ravagé l'île, en 1891, a laissé
du foudroyant passage une trace peu ordinaire.
Lorsque les hôtes du château Périnelle, à Saint-
Pierre, furent revenus de leur surprise, ils dé-
couvrirent, incrusté dans le bois du plafond,
le marbre d'une commode. La trombe était
entrée d'autant plus facilement qu'il n'y a point
de carreaux aux fenêtres des maisons de la
Martinique, et non contente d'éventrer les cloi-
sons et de culbuter les meubles, elle avait ap-
posé sa griffe en bonne place en projetant avec

la force d'un boulet de canon cette pesante masse de pierre ; le gérant de la propriété, M. Raoul Despaz, respecta la vigoureuse signature du terrible visiteur du 18 août 1891. Le marbre de commode est encore encastré dans le plafond du château Périnelle, si le château n'a pas cessé d'exister.

Marseille, 11 mai.

Tous les navires ancrés dans le port ont mis leurs pavillons en berne en signe de deuil national. Il en est de même de tous les monuments publics.

On ouvre des listes de souscription pour achats de vivres.

Fort-de-France, 12 mai (Havas).

Les quartiers du Fort et du centre de Saint-Pierre sont complètement rasés. A leur place s'étend une couche de cendres.

Au palais du Gouvernement, l'horloge est arrêtée exactement à 7 h. 50. Il n'y a plus trace de rues. Ce ne sont partout que vastes amas de cendres et de décombres entassés.

Dans le quartier du Mouillage, quelques murs calcinés indiquent seuls l'endroit où était la Douane.

On trouve à chaque pas des cadavres fou-
droyés et étendus sur le sol dans des attitu-
des diverses.

Aucun habitant de Saint-Pierre n'a pu s'é-
chapper, on en est fermement convaincu.

Les caves de la Banque de la Martinique
sont intactes. On y trouve deux millions de
numéraire qu'on envoie à Fort-de-France.

On cherche le caveau du trésor public et les
caisses des commerçants importants.

Des crevasses se forment dans la région
nord ; la conformation de l'île s'est modifiée,
des vallées nouvelles se sont formées soudainement. Fort heureusement, cette partie de l'île a
été abandonnée par la population qui s'est ré-
fugiée à Fort-de-France.

Le manque de vivres se fait sentir.

Dans la région nord, la pluie de cendres
continue, des grondements sourds et répétés ne
cessent de se faire entendre.

Fort-de-France, 12 mai.

Il y a à Fort-de-France affluence de réfugiés,
tout en larmes, épuisés de douleurs et d'émo-
tions.

L'angoisse et la consternation sont indescriptibles. En ville, habitants et réfugiés restent frappés de stupeur. Près de 4,000 personnes des environs du Prêcheur ont été recueillies par le *Suchet* et le *Pouyer-Quertier* et ramenées à Fort-de-France.

Beaucoup d'habitants de l'île partent pour les îles avoisinantes.

La Dominique, 11 mai.

De nombreux canots venant de La Martinique sont chargés de réfugiés. Ces malheureux, hommes, femmes et enfants sont dénués de tout et pleurent leurs parents perdus.

Tous les Dominicains, riches et gens du peuple, leur donnent à l'envi secours, nourriture et abri et leur témoignent une vive sympathie.

Les réfugiés disent que l'éruption continue et qu'un cratère s'ouvre actuellement vers le nord.

Plusieurs de leurs compagnons ont été noyés pendant la traversée.

On estime que le nombre des morts à Saint-Pierre s'élève actuellement à 40,000, y compris ceux des environs.

Paris, 12 mai.

Des témoignages de sympathie et de condoléances arrivent de toutes parts.

Le roi d'Angleterre fait remettre au Comité qui s'est formé, une somme de 25,000 francs.

L'empereur d'Allemagne, 10,000 marks.

New-York, 12 mai.

On continue à trouver autour de la ville de Saint-Pierre des fragments de cadavres que les soldats et gendarmes incinèrent sur une des places publiques. Des cendres brûlantes recouvrent les endroits où se trouvaient les maisons. De toutes parts, ce ne sont que d'immenses amas de décombres fumants. La lave continue à couler de la montagne autour de laquelle ne cesse de rugir un ouragan terrible mêlé de coups de tonnerre et d'éclairs aveuglants.

La mer est encombrée d'énormes quantités d'épaves de navires, de débris de construction, de gros arbres et aussi de cadavres.

Au-dessus de ces corps planent et volent des mouettes ; autour d'eux, des requins se battent en se disputant la proie espérée.

Les ruines de la ville fument encore, l'atmosphère est imprégnée d'une écœurante odeur de chair brûlée ; pas une maison n'est intacte. Partout des amas de cendres et de pierres volcaniques.

A certain endroit, 22 cadavres d'hommes, de femmes et d'enfants sont entassés près d'un mur, les bras et les jambes émergent de la masse.

Au milieu de ce qui fut la place Bertin, coule un mince ruisseau ; c'est tout ce qui reste de la rivière Goyave.

Ce qui frappe le plus, c'est l'horrible puanteur qui se dégage des décombres.

Il résulte des renseignements approximatifs que le torrent volcanique contenait, outre des gaz en combustion, des gaz empoisonnés, car toutes les victimes avaient les mains sur la bouche comme pour empêcher la suffocation.

Tous les cadavres sont carbonisés ou tout au moins brûlés.

Washington, 12 mai.

Le président Roosevelt propose et fait voter une somme de 200,000 dollars.

Dans son message, le Président dit :

L'une des plus grandes calamités dont l'histoire ait jamais fait mention, vient de frapper l'île voisine de la Martinique.....

Dans sa dépêche, le Consul américain, M. Aimes, dit qu'il y a un besoin urgent de toutes sortes de provisions, que la présence de navires de guerre est impérieusement nécessaire pour travailler à l'œuvre du sauvetage et du ravitaillement.

D'un autre côté, le gouvernement français, tout en nous exprimant ses remerciements, nous informe que Fort-de-France et toute la Martinique sont menacés : il nous demande, dans le but de sauver la population du péril si terrible de la famine qui la menace, d'envoyer aussitôt que possible les moyens de transporter cette population hors de l'île ainsi frappée.

L'île de Saint-Vincent, et d'autres îles peut-être de la région, sont aussi menacées par la calamité qui a revêtu une forme si épouvantable.

J'ai donné aux départements de la Guerre et du Trésor l'ordre de prendre, pour secourir les populations ainsi frappées, toutes les mesures de secours à la disposition du pouvoir exécutif.

Je recommande avec le plus vif empressement à la généreuse considération du Congrès le cas de ce désastre qui est sans exemple.

Le Congrès vote 200,000 dollars et de nombreux particuliers font des dons importants.

Le roi de Suède envoie 5,000 francs.

Le roi d'Italie, 25,000 francs.

Des souscriptions sont faites de toutes parts et les fonds adressés le plus rapidement possible.

Les correspondances, les fonds, les provisions sont dirigés directement sur Fort-de-France, où se trouvent réfugiés les quelques survivants de Saint-Pierre.

Les sauvés

Fort-de-France, 13 mai.

Le *Pouyer-Quertier*, bateau-câble, vient d'arriver amenant 860 personnes provenant du Prêcheur, ce qui porte à 1,300 environ le nombre des personnes sauvées par ce bâtiment.

Paris, 15 mai.

Le Ministre de la Marine vient de donner l'ordre à la division des croiseurs de la force navale de l'Atlantique de préparer son départ pour les Antilles. Elle comprend : le *Bruix*, le *Dupuy-de-Lôme,* le *d'Assas* et le *Surcouf.*

De son côté, le Département de la Marine à Washington envoie aux survivants des Antilles 40,000 rations pour quatorze jours. Il achète en outre des vêtements pour 40,000 personnes et se procure des remèdes dans les mêmes proportions.

Le *Buffalo* a reçu l'ordre de se tenir prêt à transporter des vivres et des provisions. Deux bateaux-citernes sont prêts à transporter l'eau potable. Les bateaux de la marine serviront au besoin au même usage.

Le *Dixie* a quitté New-York à destination de La Martinique, avec 4,000 rations et d'autres provisions.

Souscriptions

Le total des souscriptions recueillies au Ministère des Colonies, au 14 mai, s'élève à 153,402 francs.

Fort-de-France, 14 mai.

M. Lhuerre câble qu'il lui faut des provisions pour 100,000 personnes, venues de toute part de l'île, et une cargaison de chaux pour Saint-Pierre ; il dit qu'il a prévenu la population des souscriptions ouvertes et des secours qui sont en route.

Paris, 15 mai.

Le Gouvernement continue à recevoir des puissances étrangères des témoignages de sympathie, de condoléances et des dons en espèces et en nature expédiés directement à la Martinique.

Port-Castries, 14 mai.

Deux pieds de cendres recouvrent des milliers de cadavres noirâtres qu'on dirait avoir été plongés dans du goudron brûlant.

Des soldats empêchent de dépouiller les morts et on inflige des châtiments sévères aux gens pris sur le fait.

Il faudra bien des mois pour assainir et déblayer les maisons des cadavres et des débris de toutes sortes.

Des secours arrivent sans cesse des iles voisines à Fort-de-France.

Le consul américain a travaillé de toutes ses forces et sans relâche à porter des secours aux victimes; il a appliqué lui-même des pansements sans songer à prendre ni repos ni nourriture.

Le vapeur danois *l'alkyrien* est arrivé ici,

venant de La Martinique ; il a rencontré une énorme quantité de cadavres flottant sur la mer.

Paris, 16 mai.

Les souscriptions s'élèvent à ce jour à 303,199 francs.

Des listes de quelques personnes disparues à Saint-Pierre commencent à être publiées par les journaux, mais il est impossible de les annoncer toutes.

Quelques survivants s'embarquent pour la France.

Fort-de-France, 15 mai.

De nombreux pillards envahissent Saint-Pierre et éventrent les coffres que l'on retrouve. Les autorités prennent des mesures sévères ; une cinquantaine de voleurs ont été arrêtés et incarcérés à Fort-de-France, où la population a voulu leur faire un mauvais parti.

Le total des inhumations à ce jour s'élève à 1,200. On éprouve de grandes difficultés à creuser des fosses ; d'autres cadavres sont incinérés sur les places.

Le volcan fume toujours beaucoup.

Le Morne Lacroix, point culminant de la Montagne Pelée, existe encore ; il est visible lorsqu'une éclaircie se produit.

Une coulée de laves s'est répandue dans la rivière Blanche sur une largeur de 500 mètres.

Un nouveau cratère s'est ouvert près de la rivière des Pères, et jette une fumée intense. Sept cratères sont nettement visibles. Il y a eu une légère pluie de cendres et de pierres à Fort-de-France la nuit dernière.

Un officier anglais a volé des vases sacrés dans les ruines d'une église ; il est parti pour Sainte-Lucie. Il sera arrêté à son arrivée. Les troupes préposées à la garde ont reçu l'ordre de tirer sur les pillards.

Les pillards arrêtés à Saint-Pierre ont été condamnés à cinq ans de prison.

On a déjà incinéré un grand nombre de cadavres. Les hommes occupés aux recherches croient marcher sur une pierre calcinée, alors qu'ils se trouvent en présence d'un cadavre recouvert par la cendre.

Le seul être humain sorti vivant de Saint-Pierre est un nègre assassin qui était enfermé dans une cellule à une si grande profondeur que les gaz et les flammes ne purent l'atteindre. Il resta quatre jours avant que ses cris fussent entendus et s'enfuit lorsqu'on ouvrit la cellule.

Paris, 17 mai.

Des secours officiels viennent de partir par le *d'Assas* à destination de la Martinique.

Ordre a été donné à Saint-Pierre et Miquelon d'envoyer directement 150,000 morues, 100,000 kilog. de farine, 40,000 kilog. de conserves, 15.000 kilog. de désinfectants de toutes sortes.

Les gouvernements étrangers votent des fonds de secours et des listes de souscriptions circulent par toute la France et à l'étranger. Les grandes Sociétés et les Compagnies de chemin de fer donnent des sommes importantes.

Le total des souscriptions à ce jour est de près d'un million.

Fort-de-France, 17 mai.

Le vent souffle du Nord-Ouest, une pluie abondante de cendres s'est abattue sur le Carbet.

La mission d'incinération est repartie.

On entend des grondements à Fort-de-France.

L'atmosphère est très lourde. La population est calme.

Le *Potomac*, qui est revenu à Fort-de-France, dit que le désastre est très grave à Saint-Vincent. Le commandant dit que la situation est plus mauvaise qu'à la Martinique. La mauvaise odeur qui s'en dégage se fait sentir à plus de cinq milles en mer.

Fort-de-France, 19 mai.

L'éruption recommence.

Un réfugié arrivé cette nuit à Saint-Dominique, dit que l'éruption du Mont Pelé a continué toute la journée et toute la nuit d'hier. La quantité de lave projetée a été plus considérable que lors de l'éruption du 8 mai.

Les ponts qui avaient résisté au premier désastre ont été emportés et leurs débris flottaient sur le torrent de lave qui a envahi la Grande-Rivière, et littéralement fauché les constructions qu'il rencontrait.

Pendant la nouvelle manifestation du volcan, la population épouvantée fuyait dans toutes les directions, plus de 20,000 personnes couraient dans les rues, sous une pluie de cendres et de pierres, terrifiées, se lamentant et tout à coup, s'agenouillant et priant.

Ce matin la marée a détruit une partie du Carbet.

Paris, 21 mai.

Les souscriptions s'élèvent à près de deux millions y compris les 250,000 francs donnés par l'Empereur de Rusise, et plus tard elles atteindront huit millions, fin septembre 1902.

L'Insouciance avant l'éruption

Le 30 avril dernier, M. Léon Sully, directeur du journal *Les Antilles,* écrivait dans sa chronique les passages suivants :

— Oui, en vérité, mémorable sera notre avril 1902 ; surtout au point de vue physique ou volcanique, on en parlera comme on parle du 5 août 1851, date de la dernière. Quand nous entendions parler de celle-ci, nous eussions voulu y être ; cela nous paraissait un phénomène extraordinaire et d'autant plus piquant que, croyant notre Pelée éteinte, nous n'espé-

rions jamais voir un événement de ce genre.
Aussi quelle n'a pas été notre surprise quand
on vint nous dire que la Montagne Pelée fu-
mait ! Nous prîmes d'abord la chose pour un
poisson d'avril, et nous ne crûmes que quand
nous eûmes vu.

De grosses masses tantôt noirâtres, tantôt
blanches de fumée, sortaient de terre et mon-
taient rapidement dans les airs en s'arrondis-
sant. Ensuite une accalmie se produisait, puis
le même manège recommençait.

Nous vivrions encore cent ans que nous con-
serverions toujours ce souvenir. Précieuse-
ment nous garderons aussi cette cendre mys-
térieuse sortie des entrailles enflammées de
notre globe et vomie à des kilomètres de distance par la gueule de notre volcan.

Sans doute, c'est de la cendre comme une
autre ; mais à moins d'être dépourvu de toute
imagination, on avouera que cette cendre tient
de la nature du phénomène quelque chose de
particulièrement intéressant. Nous la gardons
donc comme une relique ; elle est fine, légère,
menue comme du ciment, d'une couleur sem-
blable mais un peu plus bleuâtre. Cette cendre
est pour nous un poème. Il est déjà fait dans
notre imagination, et si nous l'écrivions, nous

l'intitulerions : « La cendre du volcan. » Et quelles flammes, aussi, nous ferions jaillir de cette cendre !

La Montagne Pelée, voyant que les bonnes coutumes s'en allaient, a voulu simplement nous faire manger un poisson d'avril. Aimable avril ! Aussi puisque tu vas te coucher, dors bien ! Et toi, mai, salut !

Quelle triste ironie de mots aujourd'hui !

Hélas ! mai, c'était la mort !

Le Journal des Colonies, de son côté, disait dans son numéro du 6 mai, en voyant émigrer des habitants de Saint-Pierre que la peur faisait fuir :

— Nous avouons ne rien comprendre à cette panique.

Où peut-on être mieux qu'à Saint-Pierre ?

Ceux qui envahissent Fort-de-France s'imaginent-ils qu'ils seraient mieux là-bas qu'ici si la terre vient à trembler ? C'est une grossière erreur contre laquelle il faut mettre en garde cette population.

Récit du docteur Méry :

Le docteur Méry (un des premiers arrivants de Saint-Pierre après la catastrophe) est originaire de la Martinique. Après avoir fait ses

étudesà Paris, il était retourné s'établir à Saint-
Pierre en 1891.

C'est il y a deux mois environ, dit le docteur, que furent constatés les premiers symptômes de l'éruption qui devait anéantir Saint-
Pierre, mais ces symptômes n'avaient alors
rien d'inquiétant et ne pouvaient donner à présager l'effroyable catastrophe.

Vers ce moment, on put en effet constater
que la mer, entre le Prêcheur et la Grande-
Rivière, était agitée par instant de façon inac-
coutumée. D'autre part, de la route qui longe
la plage, en allant de Saint-Pierre à Fort-de-
France, on put également remarquer, à plusieurs reprises, une petite colonne de fumée
très légère qui s'élevait au-dessus du Mont
Pelé.

Quelques jours plus tard, on perçut les premiers bruits, ces bruits étaient semblables à des
roulements de tonnerre dont les échos affaiblis
se répercutaient au centre de la montagne. Peu
à peu ces bruits devinrent plus fréquents et
augmentèrent d'intensité.

Le 2 mai, vers minuit, alors que j'étais cou-
ché depuis un moment, je sentis un chatouille-
ment sur la figure; j'y portai la main et je
constatai que j'avais la face couverte de cendre.

J'allai à la fenêtre, et je vis que tout été recouvert d'une matière neigeuse de plusieurs centimètres, c'était de la cendre excessivement fine.

Cette pluie continua les jours suivants en augmentant. Un de mes amis calcula que cette pluie pouvait être évaluée à huit tonnes par heure et par hectare. En même temps, les bruits volcaniques augmentaient d'intensité ; on aurait dit un continuel orage souterrain. L'inquiétude commença alors à gagner tout le monde et pour mon compte je résolus de partir le 7 mai au soir.

Le bateau faisant le service régulier entre Fort-de-France et Saint-Pierre étant parti, de concert avec une famille amie, nous frétâmes un yacht et nous partîmes vers 7 heures et demie en emportant quelques effets et un peu d'argent. C'était là tout ce que nous devions sauver.

Le lendemain, voulant retourner à Saint-Pierre voir mes malades, nous nous mîmes en route. A peine naviguions-nous depuis dix minutes, que l'horizon s'obscurcit rapidement, une minute plus tard une pluie de cendres s'abattit sur la mer, quelque cent mètres plus loin, nous vîmes, terrifiés, qu'aux cendres se mêlaient des pierres chaudes. Des bateaux fuyaient à toute vitesse et arrivaient sur nous. Les passagers épouvantés nous disaient le danger. Nous fîmes demi-tour et rentrâmes à Fort-de-France poursuivis par la grêle de pierres brûlantes qui s'abattait sur le pont et autour de nous.

C'est tout ce que je puis dire de l'éruption en elle-même, car nous n'en connûmes les horreurs que quelques heures plus tard, mais vous comprendrez la violence du volcan, quand je vous aurai dit que des pierres rouges encore sont venues tomber à moins de cinq cents mètres de Fort-de-France.

Ce qui s'est passé depuis je l'ignore, j'ai quitté la Martinique trois jours après pour rentrer en France.

Et le docteur montre une petite boîte contenant des cendres qui sont très lourdes, d'un gris sale et d'une grande finesse, on dirait de la pierre ponce pulvérisée.

En comparant ces cendres à un autre échantillon provenant de l'éruption de 1851 on constate qu'elles sont identiques. Elles contiennent, d'après l'analyse, de l'andésine avec traces d'amphybole, etc., etc.

Lettre de faire part attestant de l'immensité de la catastrophe dans laquelle a disparu la ville de Saint-Pierre.

M.

Monsieur G. Caminade; Madame G. Caminade; (née Dupouy); Monsieur Gustave Caminade; Monsieur André Caminade; Monsieur Maurice Caminade.

Ont l'immense douleur de vous faire part de la perte cruelle qu'ils viennent de faire dans les personnes de :

Monsieur Eugène Caminade
Madame veuve Caminade
Monsieur et Madame Raphaël Caminade
et leurs enfants.
Raoul, Gabrielle, Albert et Aline
Monsieur et Madame Gaston Caminade
et leurs enfants
Georges, Louis, Gaston et Marie-Louise
Monsieur et Madame Louis Liottier
(née Caminade)
et leurs enfants, Aimée, Gabrielle et Louis
Mademoiselle Léonie Caminade
Monsieur et Madame Samuel Dupouy
et leurs enfants, Louise, Robert et Georges
Madame veuve Paul de Gage
(née Dupouy) et ses enfants, Fernand,
Alix, Léonie et Valentine
Monsieur Raphaël Dupouy
Mesdemoiselles Ferdilia et Palmyre Dupouy :

leurs fils, mère, belle-mère, grand'mère, frères, sœurs, beaux-frères, belles-sœurs, oncles, tantes, neveux, nièces, cousins et cousines, décédés dans la terrible catastrophe de Saint-Pierre (Martinique), le 8 mai 1902.

Priez pour ces martyrs!

Trente-trois morts dans la même famille !

Les Volcans de la Martinique, de l'île Saint-Vincent et en général

HYPOTHÈSES DE LEUR FORMATION

L'heure passée du glacial saisissement de la pensée, dans le deuil calme du cœur, se sont ouvertes, chez tous ceux qui raisonnent, les contradictoires discussions sur les causes de l'immense malheur. Du coup, toutes les théories que la science a émises sur la question des éruptions volcaniques ont été passées en revue, sans que, en fin de compte, aucune n'ait pu, jusque-là. revendiquer pour elle, sans conteste, le bénéfice de ce que l'on appelle, en science positive, un axiome.

M. de Humboldt regarde les volcans comme les produits et les restes de l'état de fusion par lequel a passé notre planète, sous l'influence du refroidissement qui a fini par solidifier sa surface ; de là la formation de produits distincts constituant les roches volcaniques anciennes qui diffèrent des roches volcaniques modernes.

Suivant la théorie classique, les volcans actifs sont ceux dont le cratère est en communication directe avec le feu central, communication qui se manifeste par divers phénomènes, tels que : épanchements de laves ou roches en fusion, émissions de torrents de vapeur, de gaz, de cendres, de scories, etc.

Ces phénomènes n'ont pas toutefois le caractère de la permanence ; ils sont souvent séparés par des années, des centaines d'années même. Les volcans dont l'activité est à peu près permanente sont plutôt rares.

L'action des volcans a reçu le nom d'éruption volcanique, et toutes les éruptions, quelles qu'elles soient, donnent lieu à des émissions de fluides élastiques : acides carbonique, sulfureux, hydrosulfureux, chlorhydrique, sulfhydrique, vapeurs de sels métalliques, arsenic, fer, étain. La vapeur d'eau joue le principal rôle ; c'est elle qui constitue la colonne et l'épais et lourd nuage qui plane sur le volcan ; quant aux produits solides, ils sont nombreux ; ils proviennent le plus souvent de la montagne elle-même, mais peuvent appartenir aussi à des terrains préexistants.

On attribue d'abord les éruptions volcaniques à la combustion de profonds gisements de bitume, de houille et de lignite enflammés par la décomposition des pyrites. Davy l'attribua à la décomposition et à la réaction chimique de plusieurs métaux.

D'autres savants prétendent qu'il faut voir dans ces causes le refroidissement du globe et la force expansive des gaz qui se dégagent encore de son intérieur, lequel est à l'état de fluidité ignée. Les gaz qui, autrefois, venaient brûler à la surface, se trouvent aujourd'hui emprisonnés dans la masse que contient cette croûte flexible, laquelle exerce sur eux une pression énorme ; mais si quelques fissures se forment par suite du retrait continu, ou par l'effet des marées qui agitent intérieurement l'océan de matières fondues, ces gaz, toujours prêts à se dégager, refoulent les matériaux qui obstruent les fissures et s'élancent dans l'atmosphère en s'accompagnant de tous les phénomènes connus : tremblements de terre, explosions, flots de roches fondues, etc.

Une autre théorie, admise par nombre de savants, est que les phénomènes éruptifs sont produits par l'eau qui s'infiltre jusqu'aux profondeurs du globe, s'y transforme en vapeur au contact de la chaleur centrale et se fraye ensuite un passage dans les parties les moins résistantes de la croûte terrestre et qui sont naturellement les volcans, ces cheminées ayant constamment servi au renouvellement du phénomène, depuis l'origine.

Une troisième théorie, celle du professeur Zenger, de Prague, avec son infaillibilité de savant il applique des lois inexorables. Il avait prévu et annoncé comme infiniment probable une éruption de la Montagne Pelée pour le 26 mai, avant midi. Les faits, à quelques jours près, ont malheureusement donné raison au savant tchèque et à ses théories.

Dans plus de cent notes qu'il a publiées depuis 1882 jusqu'à nos jours, il a montré, en les prédisant à l'avance, que les grands troubles atmosphériques, les perturbations magnétiques, les orages, les aurores boréales sont des phénomènes concomittants. De même, les tremblements de terre, les explosions de grisou dans les mines, les éruptions volcaniques sont, d'après lui, des catastrophes simultanées et périodiques, liées à deux périodes solaires. L'une, celle qui fixe les phénomènes courants, est de 12 jours 6, durée d'une demi-rotation du soleil autour de son axe; l'autre, qui régit les grandes catastrophes, telle une Parque inexorable tenant dans sa main le sort de milliers d'exitences humaines, les catastrophes qui terrifient le monde; la durée de celle-ci est de

10 ans 6 jours et provient de l'activité solaire.

Son catalogue et les listes des catastrophes lui donnent une stupéfiante exactitude des preuves de cette périodicité.

De ses théories, il résulte que le soleil doit être considéré comme une immense machine dynamo-électrique, ayant deux pôles terrestres près de l'équateur solaire : l'un à l'ile Saint-Thomas, centre des cyclones américains ; l'autre dans la mer d'Indo-Chine. Aux deux pôles, lorsqu'arrive l'induction solaire maxima, il se produit à une différence de 12 jours 6, le plus grave effet électrique.

Les éruptions volcaniques, de même que les autres cataclysmes terrestres, auraient donc une cause cosmique et non locale ou terrestre ?

Revenons à notre Martinique.

Les Indes occidentales, toujours connues sous ce nom en Angleterre, sont la région du monde la plus instable que l'on connaisse et il s'en faut de beaucoup que la désastreuse éruption du 8 mai dernier soit la première qui ait ravagé la région. Les Antilles appartiennent à une chaîne d'anciens volcans qui, à travers les âges ont, par une suite d'éruptions, élevé leurs cônes jusqu'à 1,000 mètres environ au-dessus de la mer. Quoiqu'on ait pu croire pendant des siècles que l'énergie intérieure de ces volcans s'était éteinte, elle se manifeste encore par des projections de vapeurs d'eau chaude ou par des émanations sulfureuses, parfois même, hélas ! par de plus sérieuses éruptions.

Jetez les yeux sur une carte et vous remarquerez que les petites Antilles forment une vaste courbe dont la convexité regarde l'Atlantique et dont la face concave forme la limite orientale de la mer des Caraïbes. Cette mer, véritable Méditerranée américaine, est semée de fosses profondes dont l'une, qui a plus de 4,000 mètres, est située en face de Saint-Vincent et de Sainte-Lucie ; ses bords se relèvent rapidement au niveau des îles que limitent sur l'Atlantique des abîmes beaucoup plus profonds encore. Ainsi donc les Iles du Vent et les Iles sous le Vent ne sont que la crête extrême d'une vaste chaîne sous-marine extrêmement étroite quand on la compare aux profonds abîmes qui l'entourent des deux côtés.

Depuis les âges géologiques les plus lointains, cette chaîne subit un éternel effort de tension qui se révèle de temps à autre par des secousses qui ébranlent le chapelet des îles.

Il y a peu de régions qui soient plus sujettes
à de tels ébranlements que les terres qui entourent la mer des Caraïbes ; la Martinique, en
particulier, a été secouée plusieurs milliers de
fois seulement depuis sa colonisation, plus de
deux cents fois au cours de l'année 1843 et pendant 1853 trente fois en l'espace de trois mois.

Il y a plus : non seulement les îles qui bor-
dent la mer au nord et à l'est sont sujettes à de
fréquents tremblements de terre, mais dans ces
parages il arrive que la terre s'exhausse et que
de nouvelles îles surgissent de la mer. La preuve
en est dans les contrastes que présentent entre
elles la double rangée d'îles qui constituent les
petites Antilles.

La chaîne occidentale plus continue se com-
pose des cônes volcaniques élevés et raboteux,
alors que les îles de la chaîne orientale, d'ailleurs discontinue, ne sont que des plates-formes
de coraux recouvertes de terrains calcaires.

Une région aussi instable du globe était toute
désignée pour être en quelque sorte un repaire
de volcans ; et de fait, il est peu de régions au
monde où les volcans soient aussi nombreux.

Un illustre géologue irlandais, sir Archibald
Geikie, estime que les éruptions ont commencé
bien après l'époque tertiaire ; en tout cas, il y

en a toujours eu d'une extrémité à l'autre de la
chaîne depuis que les îles sont colonisées.

En 1692, à l'extrême nord, Saint-Kitt est en
éruption ; en 1797 et en 1836, les cratères de
la Guadeloupe lancent de la pierre ponce et du
soufre. A l'extrémité sud, l'île de Grenade, dont
on ne connaît pas d'éruption dans les temps
historiques, a conservé dans son cratère béant
des sources chaudes qui prouvent que la lave
bouillante l'habite toujours. La Martinique est
située au nord de Sainte-Lucie dont le volcan
n'a jamais cessé d'émettre des vapeurs sulfureuses.

Saint-Vincent a toujours été de beaucoup le
foyer volcanique le plus énergique des îles
sous le Vent depuis les temps historiques. En
1718, la Soufrière est littéralement éventrée,
l'île entière est couverte des débris de l'ancien
cratère. En 1812, nouvelle éruption que l'on
entend jusque sur les côtés de l'Amérique du
Sud. La garnison des Barbades, croyant à un
combat entre les flottes françaises et anglaises,
prépare les batteries et se tient prête à l'action.

Si l'éruption du 8 mai a eu malheureusement des effets plus effroyables que les précédentes éruptions qui ont ravagé les Antilles, elle
n'a donc pas de causes plus extraordinaires, et

des sinistres de cette gravité sont toujours possibles dans cette région troublée par les forces intérieures du globe.

A la Martinique, la catastrophe aurait pu être évitée...

Le Mont Pelé, depuis plusieurs jours, donnait des signes d'activité particulièrement remarquables, et il y avait cinq ou six mois que la Soufrière de Saint-Vincent grondait terriblement ; dans les premiers jours de mai, on pouvait présager une grave éruption. Cela ne veut pas dire que le premier venu eût pu prévoir l'importance de l'explosion qui se préparait, mais un observateur sagace connaissant bien les phénomènes volcaniques l'aurait fait, et ses avertissements auraient certainement sauvé la vie au moins aux habitants des vallées.

En effet, les vallées et les ravins qui descendent des montagnes volcaniques sont particulièrement exposés : les fleuves de boues et de laves émis par le volcan descendent comme des torrents dans ces conduits naturels, emportant et détruisant tout sur leur passage. C'est ainsi qu'a péri la factorerie Guérin.

Remarquez que le 3 mai, le Mont Pelé a émis assez de fumée et de poussière volcanique pour couvrir Saint-Pierre d'une couche de cendre. Le même jour, en moins de 30 minutes, on ressentait à Saint-Vincent 19 tremblements de terre. Le 5, la factorerie Guérin était emportée par des torrents de laves, et les câbles de Grenade, de Saint-Vincent, de Sainte-Lucie se rompaient. Pour que le tremblement de terre s'étendît jusqu'au fond de la mer, il fallait que le phénomène soit remarquablement puissant. Ce redoutable avertissement eut dû suffire et, si on l'avait compris, bien des vies eussent été sauvées.

Pour cela il eût suffi ; mais il eût fallu que les observatoires de Saint-Vincent et de la Martinique fussent dotés d'appareils météorologiques et de sismographes, et qu'une table de ces observations faite dans ces deux îles fût tenue à jour.

On a reproché au Gouverneur, M. Mouttet, de s'être opposé au départ des habitants de Saint-Pierre et d'avoir endormi leur inquiétude au lieu de préparer leur émigration.

Que pouvait-il faire d'autre ? Il manquait des éléments nécessaires pour prévoir la grandeur du danger, je veux dire des renseignements scientifiques que seuls des préposés à l'observatoire, munis d'appareils sismographiques, auraient pu lui donner.

Il était présent à l'heure du danger, et il est mort à son poste. — Il a donc rempli tout son devoir...

Il faut rechercher plus haut la responsabilité de telles catastrophes ; elle incombe aux gouvernements qui ont autorité dans les Indes Occidentales ; puisqu'ils en retirent des bénéfices ils auraient dû depuis longtemps établir, dans ces régions perpétuellement menacées par les tremblements de terre et par les éruptions volcaniques, d'importants observatoires. Les Italiens l'on fait au Vésuve depuis très longtemps et il n'est pas un phénomène, si faible soit-il, qui ne soit enregistré et étudié.

Le sismographe est un appareil d'une délicatesse et d'une précision inouïe ; il perçoit et enregistre les plus faibles secousses, celles même qui sont trop faibles pour être perçues par l'observation de l'homme. Si l'on cataloguait au au jour le jour, et si l'on étudiait avec soin toutes les observations sismographiques faites dans un même ou plusieurs lieux, l'on parviendrait à prévoir avec assez d'exactitude pour en éviter les terribles suites, ces éruptions violentes qui ne se produisent jamais soudainement et sont toujours annoncées par des phénomènes avant-coureurs.

P. S. Au moment de mettre sous presse cette brochure, le Ministère reçoit un télégramme de Fort-de-France, daté du 31 août, disant : Qu'une nouvelle éruption du Mont Pelée avait eu lieu samedi soir 30 août, et plus terrible que les précédentes ; que le Morne-Rouge, le Carbet, l'Ajoupa-Bouillon et Grande Rivière avaient été détruits de fond en comble et faisant 2,060 victimes. Les ravages faits par cette éruption sont plus considérables encore que les précédents. Les éruptions continuent.

On sait que cette partie de l'île avait été évacuée, par crainte ou par ordre, vers le 10 mai. Depuis, une Commission scientifique, déléguée par le Gouvernement, avait assuré, pour la deuxième fois, qu'il n'y avait plus de risques et que les colons pouvaient avec assurance se réinstaller dans leurs anciennes propriétés détruites. Le Gouverneur par intérim, à la date du 4 août, faisait connaître aux sinistrés l'ordre de retourner dans leurs communes d'origine, en leur indiquant qu'ils avaient jusqu'au 15 août pour réintégrer leur domicile ; passé ce délai, ils ne recevraient aucun secours de l'Administration ; mais, au contraire, ils recevraient, dans leurs communes respectives, des secours pendant 15 jours afin de leur permettre de trouver du travail. Et les malheureux allèrent, par ordre, droit à la mort.

Que veut-on faire des millions souscrits pour les victimes? N'ont-ils pas été versés pour soulager leur infortune et leur permettre d'attendre quelque temps, ou de s'expatrier si elles le désiraient? Pourquoi avoir poussé encore ce troupeau d'innocentes victimes vers une mort certaine, sous prétexte que l'Administration ne donnerait plus de secours? Ce n'est pas l'Administration qui donne, ce sont les souscripteurs de ces millions; elle a été chargée seulement d'en faire la répartition aux sinistrés. Sur huit millions de souscrits, il n'y en a guère que trois de distribués. Que veut-on faire des autres?

Un comité chargé de recevoir les souscriptions et de les distribuer eût, sûrement, mieux réussi.

Le Gouvernement s'est enfin décidé à faire installer des appareils sismographiques et d'observations dans l'île.

Le Ministre des Colonies a chargé M. Lacroix, directeur de la mission scientifique, de vouloir bien aller organiser la station d'observation permanente qu'il a décidé d'y faire établir.

8 Septembre 1902.

LASCROUX.

CLERMONT-FERRAND, IMPRIMERIE G. MONT-LOUIS